JN006666

THE KRAKEN

スカンジナビアのクラーケン。フランスのサン・マロ教会所蔵絵画より。

幻獣とモンスター

神話と幻想世界の動物たち

タム・オマリー 著　山崎正浩 訳

創元社

「世界は不思議で魅惑的なものに満ちている。
研ぎ澄まされた感性をもつ者が訪れるまで、
それらは静かに隠れているのだ」

——W.B. イェイツ

前ページ：メリュジーヌ（蛇女）などの怪物を追いかけるドラゴンを描いたオランダの作品（1610年）。

上：アッシリアのラマッス（雄牛またはライオンの体に、翼と人間の頭部をもつ）。

もくじ

フリードリヒ・ユスティン・ベルトゥッヒが刊行した『子ども向け絵本』(1800年頃) の挿絵。グリフォンや人魚など多様な神話の動物が描かれている。

はじめに

太古から動物は人間と共存してきた。それゆえライオン、トカゲ、コウモリ、狼、さらには、めったに遭遇できず敬意さえ払われてきた巨大イカにいたるまで、数多くの動物が伝説に取り込まれ、何世紀ものあいだ語り継がれてきた。

　船乗りたちが語る、人間をあざむく人魚やセイレンの幻想的な物語は、実際には洋上でアザラシや大型魚類を目撃したことで生まれた可能性が高い。また、恐ろしい人狼の話も、毛深い無法者のエピソードや、人間の最良の友である犬との深い関わりがもとになっているのかもしれない。吸血鬼は、昏睡状態に陥った人間と、吸血コウモリの存在が結びつけられて生まれたのであろう。中国では、古い洞窟で巨大なトカゲや恐竜の骨が発見されている。このようなものから、ドラゴンや東洋の竜の話が生み出されたのかもしれない。また、コカトリスに似た飛べない巨大な鳥が、ほんの数世紀前まで地上を歩き回っていたのである。

　しかし神話に登場する生き物には、単なる想像の産物としてはあつかえない存在感をもつものもいる。その姿は力強いシンボルとなり、その生き物にまつわる謎は永遠に解かれることがない。古代メソポタミアでは、有翼のライオンが嵐の神の侍獣（じじゅう）とされ、彼らが荒々しい気象現象を引き起こし人間社会に影響を与えると考えられた。また古代エジプトでは美しい火の鳥を、死後の復活の象徴としていた。そして現代においても、妖精の存在を信じる人々が世界中にいる。

　由来がどのようなものであれ、古代からの伝説的な動物たちが、時代を越えて語り継がれる物語のなかで、確固たる地位を築いているのはまちがいなく、私たちの想像の世界から早々に姿を消すとは思えない。それなら、神話と伝承のなかに生きる魅力的な動物たちについて、より深く知っておくのも悪くはない。本書が読者を、神話の動物たちが生きる眩惑の世界へと誘ってくれることを願っている。

バンシー

運命を告げるもの

　陰鬱で超自然的な存在であるバンシーの声を聞いた者はいても、姿を見た者はほとんどいない。「女の妖精」であり、アイルランドの田舎の冷たい霧のなかに出没し、夜陰に紛れて死すべき運命の者を探す。通常は醜い老婆のような姿をしていて、何かの影に溶け込んで幽霊よりも見えにくくなっている。ただし、真っ赤に泣きはらした目をもつ、悲しみに満ちた若い女性の姿になることもある。

　バンシーの不気味でこの世のものとは思えない、しかし人を引き込まずにはおかない叫び声は「キーン（クイーナ）」と呼ばれる。バンシーを見たり、この声を聞いた者の家族にとって、死が差し迫っていることを告げる恐ろしい予言である。かつてアイルランドにもあった、葬儀のさいに激しく泣いてみせることを職業とする「泣き女」は、バンシーの叫び声をまねたといわれる。

　アイルランドのさらに古い伝承にも、死者をいたみ激しく叫ぶ神々の話がある。神族トゥアハ・デ・ダナーンの女神ブリギットは、一人息子ルアダンの死を受けいれるあいだ、数キロ四方に響きわたる叫び声を上げた。

左：スコットランド高地のバンシーは、死という思いもよらない知らせを告げに来る。
下：ウェールズではリビンと呼ばれ、純粋なケルト人の家系の者にだけ姿を現し、叫び声を聞かせるという。

前ページ：バンワース家のバンシー。1825年刊行のクローカーの著書より。バンシーの悲痛な叫び声には、人間の魂が体から離れるときに発する甲高い音が含まれており、この音は特別な人にしか聞こえないのだという。

バジリスクとコカトリス

視線で殺すものたち

ギリシア語のバシレウス（王の意）から名付けられたバジリスクは、蛇の王の姿以外にもさまざまな形をとる。蛇かヒキガエルの卵を雄鶏が温めて孵化すると、小さな毒蛇が生まれ、やがて翼か8本の脚をもつ蛇（下）に成長する。逆に雄鶏が生んだ卵をヒキガエルが「シリウスが高い位置にあるときに」孵化させると、コカトリスが生まれる。しかし、両者は同じ怪物の別名だとされることもある。不思議なことに雄鶏の鳴き声はバジリスクを殺してしまうという。

蛇は世界中の神話に登場する（40ページ）。インドのアナンタ（シェーシャ）は、コブラのように平べったい頭を千個もつ原初の神だが、頭を7つに省略された姿で描かれることが多い。古代中国神話の伏羲と女媧は、上半身が人間で下半身は蛇の体をしていた。伏羲が男神、女媧が女神とされる。ローマ時代後半の異端、グノーシス派がバジリス

クを庇護のしるしとして用いたものの、中世になると、蛇とバジリスクは死と破壊の到来を告げる悪魔の象徴とされた。

大プリニウス（23-79年）はメデューサ（20ページ）と同様、「その眼を見る者は誰でも即座に絶命する」と記し、バジリスクがもつ毒の息が死を招くとした。またバジリスクが通った場所の草を枯らしつくし、広い範囲の水を毒で汚染し、土地を砂漠化してしまう。それらの場所には長期間、動植物は生息しなくなる。中東の砂漠は、バジリスクによって環境が破壊された結果だという説もある。さらに大プリニウスによれば、バジリスクがシューシューと音をたてるだけで蛇は逃げ出し、その息によって致死性の疫病を発生させることもあるという。人間がバジリスクを殺すには、水晶や鏡でバジリスクの姿を映してバジリスク自身に見せればよい。この弱点はメデューサと同じである。

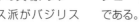

左：メルキオール・ロルヒによるバジリスク（1548年）。
右：ギュンター・ツァイナー『蛇の誘惑』(1470年) より。中世までにバジリスクは、雄鶏と同様の鶏冠をもつようになった。

上：ヴェンツェスラウス・ホラー（1607-77年）の版画『イタチとバジリスク』。イタチはバジリスクの視線を受けても死なず、バジリスクに噛みついて毒で殺すといわれていた。

ブレムミュアエとスキアポデス

頭がないか脚がないか

ブレムミュアエは頭がない古代の人類で、エチオピア、エジプトに住んでいた。ローマの著述家によればナイル川ぞいの上エジプトとヌビアに居住し、肉が甘いため食料とされた。ブレムミュアエは一般に性格は従順で、頭部がないため目と口は胸についていた。聖アウグスティヌス（354-430年）はエチオピアでブレムミュアエを目撃し、以下のように記したともいわれている。

「この国で頭のない男女を多数目にした。彼らは胸に大きな目を1組もっている。さらに南方の国々では額に目が1つだけついている人々も見た」（1450年頃の『砂漠の兄弟たちへの説教』より。成立年からもわかるように、この本は偽書である）。

ジョン・マンデヴィル卿（1300-1371年）は『東方旅行記』にブレムミュアエを見たと記し、イギリスの探検家ウォルター・ローリー卿（1552-1618年）も南米の探険記『ギアナの発見』でブレムミュアエに触れている。

ブレムミュアエと深いつながりがあるスキアポデス（モノコリ）は、体の中心に巨大な脚を1本だけもつ。この脚で日陰をつくり、エチオピアの灼熱の日差しから身を守った。

上：ブレムミュアエが描かれたウォルター・ローリー卿『ギアナの発見』（1596年）の図版。

左：ブレムミュアエとスキアポデスを描いた『驚異の書（東方見聞録）』（1411年頃。パリで刊行）の挿絵。

前ページ：グイリアーノ・デ・ダッティ『インドの2番目の歌』（1494年）に描かれたムステーロス、ピグミー（ピュグマイオイ）、ショペーディ。

人間によく似た、どこか奇妙な姿の古代生物の存在が信じられていた。セビリャのイシドルス（560頃 -636年）が著した『語源』（610年頃）は、ピグミーから両性具有者まで、あらゆるタイプの人間を網羅している。

ケンタウロスとサテュロス

馬と山羊の半人半獣

誇り高く不屈のケンタウロスは、人間の上半身と馬の胴体という姿をしており、古代のテッサリアの山中の森に住んでいた。最初のケンタウロスといわれるケイロンは医術、占星術、神託に優れていることで有名だったが、ケンタウロスの多くは、酒好きで粗暴な傾向があった。

非常に古い種族であるケンタウロスは、食料を自力で調達し、岩や木の枝など、自然物を利用して武器をつくるのに長けていた。大プリニウスによれば、人を食い、水中に住むこともあったという。ポンペイの壁画に描かれているように、女性のケンタウロスも存在した。イシドルスが「腰までは人間だが、それより下はロバの姿」と記したオノケンタウロスとは深いつながりがある。

近縁のサテュロスは、ギリシア時代の芸術作品では、馬の耳と尾をもつ人間として描かれ、その後、馬や山羊の脚をもつようになり、海の精霊ニュンペ (50ページの図) と戯れる姿が描かれることが多くなった。さらに後の時代には、子どもにやさしいファウヌスへと変化した (次ページ)。

左：ケイロンがアキレスに竪琴
を教えている。古代ローマの町
ヘルクラネウムの壁画（1世紀）。
下：戯れるファウヌス。初期の
ファウヌスの姿を伝える。1520
年頃にロンドンで刷られた図版。

上：サテュロスとケンタウロスの戦い。ヘンドリック・ホンディウス1世が刷った作品
（オランダ。1610年頃）。
前ページ：戦うケンタウロス。ギュスターヴ・ドレが1861年に『神曲 地獄篇』のため
に描いた。

キマイラ

畏怖すべき存在

キマイラ（キメラ、雌山羊の意）は、複数の動物が合体した怪物。ホメロス作『イリアス』（前850年頃）の第6歌で初めて言及され、アナトリアのリキュア生まれといわれている。ホメロスは、このテュポン（48ページ）のひねくれた娘キマイラを神の種族だと述べ、体の前部はライオン、胴は山羊、後部は蛇と描写した。またギリシアの詩人ヘシオドスは著書『神統記』（前700年頃）でキマイラを「怖るべき怪物で、体躯巨大、脚も迅く、剛力であった」と記し、3つの頭部をもつとしている（このモチーフは5世紀頃のブロンズ像によく使われた）。ヘシオドスによれば、キマイラの母は、上半身が人間の女性、下半身は蛇の姿をしたエキドナで、テュポンとのあいだにキマイラをもうけた。

圧倒的な力を誇るキマイラはリュキアの街を炎の息で焼き払い、街の住人を皆殺しにした。しかし最後はコリントスの英雄ベレロポンに退治された。翼をもつ白馬ペガソス（21ページ）にまたがったベレロポンは、キマイラが吐き出す炎が届かない高さまで上昇し、鉛の穂先をつけた槍をキマイラの喉に投げつけたのである。鉛が溶けて喉をふさぎ、キマイラは窒息死した。この戦いは前7世紀前半のギリシアの芸術作品でよく取り上げられた。キマイラという名前の語源は、燃え続けているキマエラ山にあるのかもしれない（キマエラ山は現トルコのアンタルヤの南にあり、天然ガスが噴き出して燃え続けている）。キマエラ山について大プリニウスは、「実際夜も昼も消えることなく炎を出して燃えているのだ」と記している。

左：1496年にローマで描かれたキマイラ。
上：ウリッセ・アルドロヴァンディが描いたキマイラ（1570年頃）。
下：ヤコポ・リゴッツィが描いたキマイラ（1600年頃）。

前ページ：キマイラに乗るゲニウス（精霊）。ハンス・セバルド・ベハムの手による装飾（1544年）。

キュクロプス
単眼の巨人

詩人ヘシオドスが著した『神統記』には、3人のキュクロプスが登場する。キュクロプスは、ギリシア神話の原初の神々ウラノスとガイアのあいだに生まれた単眼の巨人である。3人の名はブロンテス（雷鳴）、ステロペス（雷光）、アルゲス（落雷）で、力強い巨神ティタン族とは兄弟である。3人は父ウラノスによってタルタロスの深淵に投げ落とされたが、クロノスによっていったんは解放される。クロノスが再び3人を監禁するものの、クロノスと敵対し力強い味方を欲していたゼウスによって解放される（次ページ上）。

よく知られたキュクロプスは他にもいる。ホメロスの叙事詩『オデュッセイア』のなかで、英雄オデュッセウスは洞窟で暮らすキュクロプスたちと出会う。ポリュペモスはその頭目である（次ページ下）。また、前1500年頃に建てられたと思われるミケーネ遺跡の巨石建造物は、キュクロプスによってつくられたといわれている。人間が移動させるには重すぎる巨石も、キュクロプスなら容易に動かせたのであろう（下は巨石でつくられた巨大な戸口「獅子門」）。

左：コルネリス・コート（1533-1578年）が描いたキュクロプスの鍛冶場。神々からエトナ山に専用の鍛冶場をつくってもらったキュクロプスは、自分たちを解放してくれたゼウスのため、鍛冶と金属加工の優れた技術を使った。驚くほど多彩な魔法の武器を製造し、クロノスらティタン族との戦いにのぞむ神々に提供している。武器のなかにはポセイドンの三叉槍（トライデント）、冥界の神ハデスがもつ姿を消せる兜、アポロンの弓矢、ゼウスの強力な雷霆がある。雷は、今日でもゼウスの象徴とされている。

上：トロイア艦隊を攻撃するポリュペモス。ジュゼッペ・マリア・ミテッリの版画（1663年）。『オデュッセイア』では、ポリュペモスがオデュッセウス一行を洞窟に閉じ込める。ポリュペモスは夕食に2人、翌日の朝食に2人、オデュッセウスの部下を食べたが、オデュッセウスはポリュペモスの目を攻撃して盲目にし、脱出に成功した。

ドラゴン

翼をもつ4本脚の蛇

ドラゴン（語源はギリシア語のドラコン。「見る」の意）は、高い知性、翼、4本の脚をもち、炎の息を吐く巨大な怪物として描かれることが多い。忠誠といつくしみの心にあふれると同時に、無慈悲で徹底的な破壊をもたらす存在でもある。

ドラゴンは世界中の民間伝承に現れる。100の頭をもつ不死身のラドンは、ニンフのヘスペリデスの園にある女神ヘラのリンゴの木を守っていた。また、テーバイの創始者カドモス王が退治したドラゴンの歯を土に埋めると、そこから兵士が飛び出してきたという。メソポタミア神話のティアマトは海蛇のような姿をした、原初の創造神だった。そしてアフリカには「エチオピアのドラゴン」と呼ばれる大蛇が生息していると考えられていた。ヒンドゥー教の神話『リグ・ヴェーダ』では、巨大な蛇ヴリトラが干ばつの象徴として描かれる。ヴリトラは世界中の水を洞窟に引き入れ、自らの体でせき止めていたという。

中世になると、ワームと呼ばれる脚をもたない大蛇のようなドラゴンが紋章に使われるようになった。古代ケルトやウェールズでは、財宝の守護者ドラゴンは、伝統的に勇気や戦場での強さの象徴とされ、ペンドラゴン（戦いの指揮をとる者）という言葉が生まれた。

上：中国の広東省に伝わる竜。宇宙の永遠の法則、天空を支配する力、皇帝の力を象徴する。中国人は自分たちを「竜の子孫」と考えている。

下：アタナシウス・キルヒャーが描いたピラトゥス山（現在のスイスにある）のドラゴン（1665年）。

妖精

エルフ、ゴブリン、ピクシー、ノーム

ケルトの寓話と伝説にはスプライト、レプラコーン、エルフ、ゴブリン、ピクシー、ノームなど多数の妖精が登場する。妖精（フェアリー）という名称は、ラテン語のファトゥム（運命の意）に由来する。ほとんどの妖精は小さな人間の姿をし、超自然的な強い力をもっている。よく知られているようにいたずら好きで、自らの力で人間を助けたりいたずらをしかけたりして楽しんでいる。

妖精は天上や異世界に住んでいるという説もあれば、人間と同じ世界に住んでいるという説もある。古代のヨーロッパの民間伝承には、妖精がこの世界の最初の住人だとするものが多い。

ギリシア神話ではニュンペ、ケルト神話ではプーカ、インドの民間伝承ではヴィディエーシュヴァラと呼ばれ、アメリカ先住民やエスキモーの文化に伝わる愛と冒険の物語にも登場する。いずれの文化においても、妖精のつとめは自然界とそこに住むあらゆるものを守ることである。美しく情け深い妖精の女王マブやティタニア（次ページ。アーサー・ラッカムが1908年に発表した挿絵）の命令で行動することもある。

生き物が腐敗するときに放つ燐光は、妖精がつくる火花だといわれていた。小さな明かりのまわりでは、妖精たちが夜ごと踊っていると考えられた。

グール

肉食のゾンビ

身の毛もよだつグールはペルシアやイスラム化する前のアラビアの民間伝承にルーツをもつ。グールの神話は、アフリカの部族やアメリカ先住民などに影響を与えたが、いまや、ハロウィンの仮装などを通じて世界中に及んでいる。アラビアを旅した19世紀の探検家リチャード・フランシス・バートン卿は、以下のように記している。

「グールは人食い鬼であり、非常に恐ろしい存在だ。生きるためにのみ人間を捕食しているとは考えにくい。グールの食欲は飽くなきものである」

グールという言葉は「奪う／つかむ」という意味のアラビア語から生まれ、英語の出版物に初めて登場したのは、ウィリアム・トマス・ベックフォードのアラビアを舞台にした幻想小説『ヴァセック』(1782年)からである。

また、バートンは雌のグールを指すグーラという言葉をつくり、「グールの語源は災厄や、パニックを引き起こすような恐怖にある。明らかにグールは墓や墓場に対する恐怖心が具現化したものだ」と説明している。

グールは墓地や無人となった場所に潜み、死体に舌鼓を打つと信じられていた。また死者の霊を捕らえ、霊が天国にたどりつけないように拘束する。血を飲んだり、コインを盗んだりもするし、犠牲者の外見に姿をかえる能力ももっていた。

左上：『千夜一夜物語 シディ・ヌウマンの話』から、仲間のグールと共に死体を食べるアミネ（女性のグール）。

右上：子どもを食べるグール。アナキストの新聞『ル・ペール・ペナール』の挿絵。

下：ネパールの『マハーバーラタ』の挿絵（1800年頃）。パーンダヴァと呼ばれる5兄弟が戦っている場面。手前には腐肉を食べる動物や鳥、そしてグールが描かれている。

前ページ左：葛飾北斎（1760-1849年）が描いた幽霊。

前ページ右：朱に染まった顔をした「朱の盆」。死肉をなめとるといわれている。江戸時代の作品。

ゴルゴン

メデューサとペガソスの誕生

ゴルゴンという名前は、古代ギリシア語のゴルゴス（恐ろしいの意）からとられたものだが、サンスクリット語のガルジャナ（うなるの意）に由来するともいわれる。ゴルゴンには、恐ろしい顔の女性というニュアンスもある。ギリシア神話に出てくる最も悪名高いゴルゴンは、翼があり、髪の毛の代わりに多数の毒蛇が頭に生えているステンノ、エウリュアレ、メデューサという3姉妹の怪物である。いずれも大きな口に鋭い牙と頑丈な歯をもち、真鍮の爪と大きな光る目をもつ。3姉妹のいずれも、前を横切る相手を一にらみしただけで、たちまち石に変えてしまう。しかし、3姉妹のうちメデューサだけが不死身ではなかった。

ゴルゴンはホメロスや大プリニウスなどが執筆した初期のギリシア文学に登場する。歴史家のディオドロス（前90頃-前30年頃）は、ゴルゴンはリビアで生まれた種族であり、ヘラクレス〔他の伝承ではペルセウスとも〕によって討ち取られたと記している。

ローマ時代の詩人オウィディウスによれば、メデューサはもともと美しい少女で、自らの髪を自慢していた。しかしミネルウァ（アテナと同一視されているローマの女神）の神殿の階段でネプチューン（ギリシア神話ではポセイドン）と交わったため、ミネルウァの怒りを買い、髪を蛇に変えられてしまう。ミネルウァは「敵を驚かせ、恐怖させるために、自分が作り出したこの蛇髪の頭を、アイギス（神盾）につけて」胸にかざしたという。

左：ゴルゴンは古代の芸術作品によく登場する。盾に描かれたメデューサの軽蔑の眼差しは、邪悪なものを追いはらい、盾の所持者をあらゆるものから守るといわれた。

下：メデューサの頭をポリュデクテス王に見せにいくペルセウス。ペルセウスは神々から与えられた鏡の盾を使ってメデューサを討った。切られたメデューサの首からは、ペガソス（ペガサス、飛び跳ねるものの意）とクリュサオル（黄金の剣の意）が飛び出してきた。どちらもポセイドンとメデューサの子どもである。

前ページ：ウォルター・クレイン『ゴルゴン』（1892年）。

グリフィン
勇気と寛大さの象徴

　トーマス・ブラウン卿（1605-1682年）は1646年に、「グリフィンは、野の獣で最も高貴なライオンと、空の獣で最も高貴な鷲を合体させた動物である」と記した。ブラウンによれば、グリフィンは鷲の頭部、羽毛のある翼、鳥の爪に加え、ライオンのたくましい胴体をもつという（左下）。サソリや蛇の尾をもつものもいる（右下）。

　太陽の光をさえぎるほど巨大なグリフィンは、その巨体に見合った大きさの純金の巣を山につくって暮らしていた。前440年頃に書かれたヘロドトスの『歴史』には、スキタイ北部に「一つ眼のアリマスポイ人が住み、その向うには黄金を守る怪鳥グリュプスの群れ」と書かれている。またローマの軍学者イーリアンは150年頃に、「探鉱者が（巣に）近づくと、グリフィンは子どもを守ろうと戦いをしかけてくる」と記した。視力がよ

く力強いグリフィンは、馬や蛇だけでなく人間も数秒で細切れにできる。グリフィンが最初に登場したのは、ギリシアの詩人アリステアスの叙事詩（前675年頃）においてだった。アイスキュロスが前460年頃に発表した『縛られたプロメテウス』にも登場する。またグリフィンは、古バビロニア、アッシリア、ペルシア時代の芸術でよく題材にされている。古代ローマの芸術作品では、女神ネメシスの戦車を力強く引くグリフィンが描かれている。

　グリフィンに似た存在には、エジプトの神ホルス（頭部が鷲）、ヒッポグリフ（胴体が馬）、アッシリアのラマッス（胴体が雄牛またはライオン、翼が鷲、頭部が人間。もくじの前のページ）、ルポグリフィン（胴体が犬）、アケク（爪のある脚をもつ蛇）などがいる。

上：フランチェスコ・フランチェスキが印刷したイタリアの叙事詩『狂えるオルランド』
（1565年版）をもとに、ギュスターヴ・ドレが制作した図版。英雄がヒッポグリフにまた
がっている。

左：前1200年頃の中アッシリ
ア時代の封印。グリフィンは
強さ、勇気、保護を象徴した
（アッシリアでは「雲を割る
鷲」と呼ばれた）。後にギリシ
ア・ローマ時代になると、神
聖な生命の木、救いへの道、
死者の墓などを守る存在とし
て描かれるようになった。さ
らには、キリストが神性と人
性をあわせもつことの象徴に
もなったのである。

ハルピュイアとセイレン

不吉な出会い

　不気味な老婆のような容姿で、不快な性質をもつハルピュイア（ハーピー）は、破壊的な恐ろしい怪物だった。人間の女性の頭部と胸部に、ハゲワシまたは鷲の胴をつなげた姿をしていた。ひどく残酷で人間をだますことに長け、行く先々で混乱、汚染、排泄物をまき散らした。腐敗物や汚染物からの悪臭は、ハルピュイアが近くにいる証拠である。この臭いは常に汚れているハルピュイアの下半身から漂ってくるといわれていた。ハルピュイアの顔色は青白く、いつ見ても病人のような印象を受けた。そして、決して鎮まることのない空腹に絶えず苦しめられていた。

　ヘシオドス『神統記』によれば、ギリシアの神タウマスとエレクトラの子としてまずイリス（虹）が生まれ、次いでハルピュイアのオキュペテ（速いものの意）とアエロ（疾風の意）が生まれたという。後にハルピュイアのケライノ（暗黒のもの）が加わった。『イリアス』の金羊毛を探す冒険には、ハルピュイアのポダルゲが登場する。ハルピュイアたちは盲目のトラキア王ピネウスの食事を妨げていたが、アルゴー号に乗り込んでいた北風の神ボレアスの息子カライスとゼテスによって追い払われた。ハルピュイアはクレタ島のディクテ山の洞窟に逃げ込んだという説もある。

　ハルピュイアの姿は、フューリズ（エリニュス）やセイレンに似ている。セイレンは孤島に住む危険な怪物で、翼をもち、上半身は人間の女性の姿をしている。魅惑的なハープ、竪琴、歌声を駆使して船乗りを惑わせ難破させていた。オデュッセウスも魅了されたが、仲間によってマストに縛りつけられていたため助かった。

左上：セイレンとドラコニオピディス（蛇女）。
右上：未来を予言したため盲目にされたピネウス王の食事を妨げ苦しめるハルピュイア。前ページ：中世ヨーロッパ、シュメール、エジプトのハルピュイアとセイレン。

「ハルピュイアほど恐ろしい怪物はいない。ステュクスの川面から、ハルピュイアよりも恐ろしい神の怒りや災いが生まれ出たことはない」（ウェルギリウスの叙事詩『アエネーイス』第3巻より）。ステュクスはギリシア神話において地下を流れているとされる大河。

ヒュドラとケルベロス

複数の頭をもつ兄弟

ヒュドラは悪意に満ちた恐ろしい怪物で、湖を取り巻く蒸し暑い沼地に住んでいた。頭が9つあり、それぞれの頭は長く曲がりくねった蛇の首で支えられていた。8つの首は中央にある不死の首よりも攻撃的で、切り落としてもすぐに再生される。獲物に忍び寄るのが得意な捕食者であり、近隣の農家の家畜をエサにしていた。また吐く息は有毒で、周囲の土地、水、空気のすべてを汚染した。ヒュドラは、ヘラクレスによって退治された。ヘラクレスが首を切り落とすと、甥のイオラオスが切り口を松明で焼いて再生を防いだのである。ヘラクレスは最後に切り落とした不死の首の上に巨岩を載せた。そしてヒュドラの胴体を切り裂き、流れ出る有毒な血に矢を浸した。こうして作った毒矢は、後にヘラクレスの有力な武器になった。

レルネのヒュドラ退治は、ヘラクレスにミュケナイ王エウリュステウスが命じた2番目のつとめであった。そして最後の12番目のつとめが、ケルベロスの生け捕りだった。ケルベロスは、ハデスが支配する冥府の入口を守る番犬だった。ケルベロス、ヒュドラ、キマイラ(10ページ)はエキドナとテュポン(48ページ)のあいだに生まれた子どもたちである。ケルベロスは獰猛な犬の頭を3つもち、背中にはあらゆる種類の蛇の頭が生え、ドラゴンの尾をもっていた。ヘラクレスはケルベロスを服従させてエウリュステウスの前に引きずっていった。ところが、エウリュステウスがそれを恐れたため、ヘラクレスはケルベロスを冥府に戻した。

上：ヘラクレスとレルナのヒュドラ。
下：ヘラクレスとケルベロス。どちらもニコロ・ファン・アールストの1608年の作品。
前ページ：（左）ヘラクレスとイオラオス。（右）古代ギリシアの花瓶に描かれたケルベロス。

ジン
不可視の存在

　悪霊のひとつ、ジンは下級の神として崇められていたこともある。その名前は、アラビア語の「隠す」という意味の言葉が語源になっている。アラビアの伝承では、ジンは廃墟となった建物のなかに住み、不浄な場所や、荒涼とした土地に出没し徘徊するという。この点は、同類だがより下級の存在であるグール（18ページ）と似ている。『宇宙誌』と総称される2冊の書物を編纂したアル・カズウィーニー（1203-1283年）は、「ジンは透明な体をもち浮遊する生き物で、さまざまな形態をとれる」と記した。ジンは食べ、繁殖し、死をまぬかれない存在であり、ときには人間、怪物、動物の姿をまねることがある。

　ジンは雲のような物質から固体化すると考えられている。その「雲のような物質を構成する粒子を急激に拡大したり希薄にしたりする」ことで、自由に姿を半透明化し、さらには完全に見えなくさせられる。エジプトでは、砂漠の嵐によって砂の壁がつくられると、宙を飛ぶジンが通りすぎたのだという。

　イスラムでは、アッラーが煙の出ない炎からジンをつくり出したと言われる。ジンは、強大な順にマリード（神への反逆者）、イフリート（堕天使）、シャイターン、ジン、ジャーンと区別されることがある。このうちジンは最も平和的で人間と共存しているが、シャイターンはよく悪巧みをし、悪しき父親であるイブリースのために行動する。イブリースは天使だったが、アッラーがつくった人間にひれ伏すのを拒み、アッラーに背くことになった。

左：眠っているジンと女性。千夜一夜物語のショーのために制作されたダルジェル兄弟の版画（1865年頃）。イギリスの辞書編集者エドワード・ウィリアム・レーン（1801-1876年）はジンについて次のように記している。「一般に華やかでハンサムなジンは善き存在で、醜く恐ろしいジンは悪しき存在である」。左で描かれているのはおそらく中東の神話に登場するジンの一種、巨人ナスナスであり、人間と悪魔的存在のシックのあいだにできた子どもである。

前ページ：エドマンド・デュラック（1882-1953年）による千夜一夜物語の水彩画で、ジンが姿を現し始めている。魔術師は詠唱や儀式や炎猾な悪魔の力を借りて、弱いジンを召喚あるいは捕獲できる。有名な『アラジンと魔法のランプ』に出てくるジンは、そのようにして捕獲されたジンのひとりである。

上：アラビア語の『驚異の書』（14世紀後半）のなかの3つのページに描かれた挿絵。ジンの魔王、金曜の魔王ザウバ、黒い王アル・マリク・アル・アスワドが描かれている。

ラマッスとマンティコア

ライオンの体をもつもの

ラマッスはシュメールを起源とし、人間の男性の頭部、鷲の翼、ライオン（次ページ）または雄牛（もくじの前のページ）の胴体を合体させた神話上の動物である。アッシリア時代には巨大なラマッス像が2体1組で制作され、都市の正門に配置された。雄牛、ライオン、鷲、人間は、十二宮のおうし座、しし座、さそり座、みずがめ座を表し、後にキリスト教が広まるとルカ、マルコ、ヨハネ、マタイという4人の福音書記者を表すシンボルとなった。スピンクス（スフィンクス、44ページ）は雌のラマッスといってよいが、次に触れるマンティコアのように翼をもたない姿で描かれることもある。古代世界では体の一部がライオンになっている怪物が広く見られ、古くはエジプトの女神セクメト（次ページ）もそうである。

前450年頃、ギリシアの医師クテシアスは、人間の頭部とライオンの胴体をもつペルシアの恐ろしいマンティコアについて報告している。そして大プリニウスは著書のなかで以下のように記述している。

「噛み合う三列の歯が並び、顔と耳は人間のようで、眼の色は血のように赤く、体躯はライオンのようで、サソリのように尻尾で刺す」（『博物誌』第8巻30章より）。

ゾウだけはマンティコアの害を受けない。アイリアノス（175-235年）は「インド人は、まだ尾に針が生えていないマンティコアの子どもを狩る。そして針が生えてこないように尾を石でつぶしてしまう」と記している。

30

左上：ニネベのラマッス（前700年頃）。人間の頭をもつ有翼のライオンである。
右上：古代エジプトの女神セクメトの像。人間の女性の体に雌ライオンの頭がついている。太陽神ラーの娘であり、戦いと癒しの女神である。

左と前ページ：マンティコアの挿絵。マンティコアのなかにはヤマアラシのような針をもつものもいる。この針はお気に入りの獲物である人間を殺すのに十分な威力をもつ。マンティコアは、人食い虎をもとにつくられた怪物かもしれない。インドでは今でも虎による被害が出ている。虎は深い洞窟などで獲物を待ち伏せすることがある。マンティコアが住むといわれるのも、同じような洞窟である。

レビヤタン

および海の怪物たち

　神話では、カオス（混沌）を蛇やドラゴンのような姿の怪物として表現することが多い。「ねじれた」という意味の言葉が語源になっている、海の怪物レビヤタン（リヴァイアサン）もその一例である。聖書のヨブ記第41章23節には「レビヤタンは淵を鍋のように沸き立たせ」と記されている。レビヤタンは貪欲に世界に巻きついたが、最後は神（ヤハウェ）によって倒された（右）。

　このような巨大な怪物は古代中近東やインド・ヨーロッパ語の伝承にも登場する。13世紀に北欧で記された『散文のエッダ』は、伝説的な大蛇ヨルムンガンド（巨大な精霊の意）と雷神トールの戦いに触れている。ヨルムンガンドはミッドガルド蛇（世界蛇）とも呼ばれる。前1250年頃のウガリット語の文書によると、7つの頭をもつロタン（「コイル状に巻かれた」の意）というセム語圏の深海の神が、偉大な嵐の神ハダド・バアルによって倒されたという。前1700年頃のシリアの印影には、古代の蛇の怪物であるテムトゥムが描かれている。凶暴な8本脚のクラーケン（ノルド諸語で棒や柱の意）は、グリーンランド沖に生息する巨大な海の怪物だった（次ページおよび、この本の先頭のページ）。

左：巨大なイカに襲われた漁船。W.A.クランストンの1893年の作品。深海に住む巨大なダイオウイカの撮影は困難をきわめたが、最近になってようやく成功した。

ギリシア神話には、スキュラという有名な海の怪物も登場する。4つの目をもち、腰から生えた6つの長い首の先に犬の頭が1つずつついていた。それぞれの頭は3列の鋭いサメの歯を備えており、胴体から12本の足が生え、尾は猫のものだった。スキュラは狭い海峡の片側に住んでおり、その反対側には、やはり凶悪な渦巻の怪物カリュブディスが住んでいた。

前ページ：神がレビヤタンを打ち負かし、混沌を制しようとしている。ギュスターヴ・ドレの版画（1865年）。

下：スウェーデンの地理学者オラウス・マグヌス（1490-1557年）が描いた、船を攻撃する海の大蛇。

マンドレイクとドリュアス

および植物の怪物たち

マンドレイク（マンドラゴラ）は地中海地域でよく見られる背丈の低い多年性植物で、美しい小さな赤い実をつける。かわいく控えめな植物だが、実際には「悪魔のリンゴ」などとも呼ばれるナス科の有毒植物である。精神錯乱の原因にもなるアルカロイドを含有するため、幻覚作用や局所的な麻酔効果をもつ。変わった形の根は1mを超す長さまで育つこともあり、不気味なほど人間に似ることもある。マンドレイクは動物のように命をもち、意識もあると信じられていた。地面から引き抜かれると、腹を立てた根が悲鳴を上げて手足にあたる部分をばたつかせ、その悲鳴を聞いた者すべての命を奪うとされていた。

植物の怪物には、ギリシア神話に登場するドリュアスのようなものもいる。語源はギリシア語のドゥリス（オーク）で、ギリシア神話では長命な木の精霊であり、超自然的な存在とされている。またハマド

リュアスは、ドリュアスの仲間で、1本の木と一体になっている精霊である。両者とも古代西ヨーロッパの秘教、ドルイド伝承の中心的存在になっている。現代においても木の精霊はファンタジー作品でよく取り上げられている。J.R.R.トールキンの『指輪物語』のエントはその一例である。

FOEMINA   MARIS

Mandragoras.

上：マンドレイクは古来より「愛のリンゴ」とも呼ばれ、強力な媚薬とされてきた。
下：ギュスターヴ・ドレがダンテ『神曲 地獄篇』(1857年) のために制作した挿絵。木
の精霊ドリュアスが描かれている。ハマドリュアスとドリュアスは厳密に区別されな
いこともある。
前ページ：アフリカで発見されたといわれる食人木（ヤ＝テ＝ベオ）。J.W.ブエルの
1887年の作品。

人魚と半魚人
および魚の怪物たち

人魚（マーメイド）は、上半身は裸の女性、下半身は魚の尾をもつ美しく、そして非情な怪物である。透き通った歌声と美しい姿で船乗りを魅了し、船を岩場に誘い込んで難破させる。そして、恐怖におびえる船乗りを深海へ引きずり込むのである。ギリシア神話に登場するセイレン（24ページ）と深いつながりがある。

古代メソポタミアのシュメールでは、前3500年頃、水と創造の神エンキを人間と魚が合わさった姿（右下）で描いていた。後の時代にアッシリアとバビロニアの守護神となったダゴン（次ページ左上。前2500年頃）も同様である。このような半魚人の神を、後にギリシア人はオアンネスと呼んだ。ギリシア人が信仰したのは、海を司るポセイドンである。

かつては、陸上に生息する動物に対応するものが、海にも生息しているという考え方が一般的だった。例として、馬に対応するタツノオトシゴ（sea-horse）、ライオンにミノカサゴ（lion-fish）、また、犬にはツノザメ（dog-fish）があげられる。大プリニウスは『博物誌』のなかで、ヨッペ（現代のテルアビブ）で発掘されたトリトン（巨大な人魚）の化石について触れ、その背丈が12mにおよんだと記している。

人魚の目撃情報のなかには、アザラシや、ジュゴンなど海牛の仲間を見まちがえたものもあるのだろう。

左上：魚の神ダゴン。ドゥル・シャルキン（現在のホルサバード）の宮殿の装飾壁画。
右上：波のなかで戯れる人魚の男女（男の人魚はマーマンと呼ぶ）。
下：ハンス・クリスチャン・アンデルセン『人魚姫』の挿絵（1836年）。

ミノタウロス

迷宮の住人

クレタ島の王妃パシパエと、海の神ポセイドンから贈られた見目麗しい白い雄牛の間に生まれたミノタウロスは、たくましい人間の男性の体と雄牛の頭をもち、見た目通りの頑強さを備えていた。クレタ島のミノス王は、妻がこのような怪物を産んだことを秘密にしておくため、熟練職人のダイダロスとその息子イカロスに複雑な迷宮をつくるよう命じた。そして迷宮にミノタウロスを閉じ込めたのである。ミノタウロスは人間の肉が大好物だったため、7年または9年ごとに男女それぞれ7人の若者がアテナイから献上され、ミノタウロスの生け贄にされた。

しかしミノタウロスは、アテナイのアイゲネス王の息子テセウスによって討ち取られた。ミノス王の娘のアリアドネがテセウスに恋し、迷宮の秘密を父ミノスから聞き出してテセウスに教えたのである。アリアドネはテセウスに糸玉を与え、迷宮の入口に糸を結びつけてからなかに入り、脱出時は糸をたどってくるよう指示した。糸を使いテセウスは脱出に成功した。

ミノタウロスが誕生したとき、ミノス王の養父と同じアステリオス（星の意）という名前がつけられており、おうし座（タウルス）の伝説とミノタウロスの物語の関係を示している。ミノタウロスという名前は、ギリシア語のミノスとタウロス（雄牛の意）に由来するもので、2つあわせて「ミノスの雄牛」という意味になる。

上：迷宮のなかのテセウスとミノタウロス。
エドワード・バーン＝ジョーンズのスケッチ
（1861年）。テセウスは父から授かった剣と、
アリアドネに渡された糸巻きをもっている。
左：迷宮の中央にミノタウロスを配した図案
は、ローマ時代のモザイク画でよく使われた。
ミノタウロスは洗練された男性がもつ、抑制
された野性を表現している。

前ページ：前450年頃のギリシアのコリントス
式アンフォラ（壺）に描かれたミノタウロス。

ナーガとナイアス

蛇の怪物たち

ナーガ (サンスクリット語でコブラの意) はヒンドゥー教の神話に登場する精霊で、上半身が人間、下半身が蛇という姿で描かれることが多い。インド神話のプラーナ世界の7つの下界 (地底世界) の最下層である第7層の水中深くに、宝物を積み上げた宮殿をもっているといわれる。ナーガは完全な人間の姿をとることもでき、女性のナーガ (ナギまたはナーギニと呼ぶ) には人間の男性と結婚しているものもいる。ナーガの子孫だと代々、主張しているヒンドゥー教徒の家系も存在する。

初期のヒンドゥー教の信仰では、アナンタ竜王 (千の頭をもつ原初の偉大なナーガ) の支配下にあるナーガが、人間の創造で大きな働きをしたとされていた。アナンタはシェーシャとも呼ばれ、聖仙カシュヤパの妻カドゥルーが生んだ千個の卵の1つか

らかえったナーガである。またインド神話と仏教説話に登場するヴァースキという蛇王は、仏教が中国や日本に伝わるなかで他のナーガ族とともに「八大竜王」の一員になった。

蛇は世界各地の神話に姿を現す。中国神話では伏羲と女媧という、上半身が人間で下半身が蛇の男女の神が人間をつくったとされている (次ページ右下)。オーストラリアのアボリジニの神話によれば、創造神である虹蛇が窪地に水を満たして泉にしたという。虹蛇は虹になって泉と泉のあいだを這い回って水路をつくり、泉同士をつないだ (下。ダニー・イーストウッドの作品より)。もっと遊び好きな水の精霊もいる。ギリシア神話に出てくるナイアス (次ページ) は泉、井戸、噴水、川の精霊であり、ネレイスは海の精霊である。

スピンクス

ギリシア・ローマ時代の怪物

スピンクス（スフィンクス）は座っているライオンの体に人間の頭をつけた姿をしていて、前1500年頃、エジプトで頻繁に描かれた。スフィンクスたちは古代の墓や神殿の守護者であり、参道に列をなして描かれた。

一方、ギリシア神話のスピンクスは、ライオンの胴体と脚、人間の女性の頭と胸、鷲の翼をもち、ときにはドラゴンの尾がついていることもある。インドやエチオピアでも信仰の対象になっていた。ヘシオドスによれば、スピンクスはエキドナ（10ページ）の娘だという。エキドナの息子である双頭の犬オルトロスか、下半身が蛇のテュポン（48ページ）が、父だといわれている。前450年頃のオイディプスの物語では、スピンクスはピキオン山の山頂に座し、ギリシアのテーバイの住民を困らせていた。通行人を捕えては謎を出し、不正解なら食べてしまった。その謎は「声は1つしかないが、4本脚にも2本脚にも3本脚にもなる生き物は何か」というものだった。オイディプスが「それは人間だ。赤ん坊のときは両手両足で這い回り、成長すると両脚で立ち、老いると杖を使うようになる」と答えると、謎が解かれたことに怒ったスピンクスは崖から身を投げて死んだという。

なお、異なる謎も伝えられている。こちらの方がつくられた時代は古いと思われる。「2人の姉妹がいる。1人がもう1人を生み、生まれた1人が最初の1人を生む。この姉妹は何者か」という謎である（答えは昼と夜）。

44

上：ヒンドゥー教の古い版画に描かれたアナンタ竜王。ナーガの創造主。7つの頭をもつ姿で描かれている。

左上：波とたわむれるナイアス。右上：中国の創造神 伏羲と女媧。

41

フェニックス

火を好むサラマンダー

フェニックスは500年近く生き続けた後、木の枝、松脂、香料（乳香やシナモンなど）を使って巣をつくり、太陽の正面に立ち、自らの体を炎で包む。そして色鮮やかな翼で炎をあおる。インド神話によれば、灰のなかから小さな虫が現れて日ごとに成長し、3日後には成鳥のフェニックスになるという。古代エジプトの火の鳥（ベンヌ）は、親鳥の遺体を没薬でできた容器に入れ、ヘリオポリスの太陽神殿に運んで葬った。

中国の朱雀や、スラヴの民間伝承に登場する火の鳥など、フェニックス（火の鳥）は数多くの神話に登場し、信仰の対象にもなってきた。

大プリニウスはフェニックスについて次のように記している。

「フェニックスは……鷲くらいの大きさで、首のまわりは金色に輝き、他のところはすべて紫だが、尾は青くてばら色の毛が点々と混じっている」

サラマンダー（下）もまた炎を好む。炎のなかに住むが、体温が尋常ではなく低いので、炎を消すこともできる。このとき、体に沿って星が現れることがある。サラマンダーの伝説は、腐った倒木のなかで冬眠するサンショウウオの習性から生まれたと思われる。倒木を火に投げ込むと、なかからサンショウウオが現れたのだろう。

Phœnix

上：炎のなかのフェニックス（1657年）。

下：ロ
スは、
の象徴
教でも、
象徴とし

上：鳳凰に乗る女性を描いた鈴木春信の作品。1750年頃。日本では、鳳凰は吉祥の象徴とされる。

右：古代中国の九鳳は9つの頭をもつ。なお、鳳凰は『礼記』で他の3種の瑞獣（50ページ）とともに四霊としてあつかわれている。

左上：女性のスピンクス。エトルリアの香水瓶（前600年頃）。
右上：ギリシアのアッティカで出土した、前540頃-前530年頃に制作されたスピンクス。メトロポリタン美術館所蔵。

前ページ：異なるポーズのスピンクス。テーバイ（ギリシア）のもの。

左：エジプトのスピンクス（前1500年頃）。エジプトでは、翼をもたない男性のスピンクスが多い。

トロール

大小さまざま

古代スカンジナビアで女性たちが語り継いできた伝承には、2種類のトロールが出てくる。巨人のヨツンと小さな妖精フルドラである。トロールという名は中高ドイツ語のトロール（鬼）とトロレリ（自然に働きかける魔法を使い、人間にいたずらする生き物）に由来する。スカンジナビアの鬱蒼とした原生林や、暗くじめじめした洞窟に暮らすトロールは、素朴とはいえ残忍な性格であったため、人が出会わないよう気をつける必要があった。

太古のトロールは機会があれば人間を狩っていた。村から女性や子どもを誘拐し、歩いて移動中の旅行者を路上で襲い、略奪と殺害の対象にした。旅行者を襲って食べるという行為は、後世の伝説的な殺人鬼、スコットランドのソニー・ビーンとその家族が受け継いでいる（ソニー・ビーンは15世紀に多数の旅人を襲って食べたといわれる人物だが、実在したかどうかはわかっていない）。

伝統的にトロールは周囲の木々で粗末なつくりの棍棒をつくり、巨岩を武器にして戦った。トロールが投げた巨岩は、今でもスウェーデンとノルウェーの雄大な山並みのいたるところに残されているという。また、特に大きな岩は、トロールが日の光で石になったものだとされている。

46

左：ジャン・ノーによるトロール。日の光にあたって体が山に変化しはじめている。

前ページ：ヨン・バウエル（1882-1918年）が描いた雪のなかのトロール。

下：ロルフ・リーデベルグ（1930-2005年）が描いた山のトロール。トロールは13世紀に北欧神話のエッダに登場した。イギリスの伝承『ベオウルフ』に登場する粗野な敵役グレンデルや、北欧神話最強の巨人フルングニルとよく比較される。トロールは雷鳴や近隣にある村の教会の鐘の音など、大きな音を極端に嫌う。スコットランドの妖精ブラウニーに似た、温和な性格のトロールもいる。

47

テュポン

最も恐ろしい怪物

あらゆる神話のなかで、最も恐ろしい怪物がテュポンである。その名を耳にした者や、月光をさえぎるほど巨大なコウモリのような翼を目にした者を恐怖におとしいれた。ヘシオドスはテュポンの恐ろしい姿について次のように述べている。

「彼の肩からは、蛇すなわち怖るべき竜の百の首がぶら下がり、首は黒い舌をのぞかせ、その不思議な首の両眼は、眉の下で火をひらめかせた。睨めまわすすべての首からは火が燃え立つのだ」。

ヘシオドスによると、テュポンはガイアとタルタロス（奈落）のあいだに生まれたという。古代ローマの著作家アポロドーロスは、その巨大さと強大さにおいてテュポンに並ぶものはいないと驚いている。そしてテュポンの体について「彼の全身には羽が生え、頭と頤からは乱髪が風になびき、眼より光を放っていた」と記している。テュポンはエキドナを妻として、古代神話に登場する数多くの怪物を生ませた。ヒュドラ（26ページ）、ケルベロス（26ページ）、ゴルゴン（20ページ）、ハルピュイア（24ページ）、キマイラ（10ページ）、コルキスのドラゴン（金羊毛の守護者）などである。遅くとも前550年頃からは、テュポンはエジプトの混沌と嵐の神セトと同一視されるようになった。

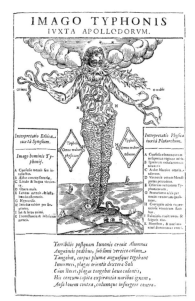

左上：アポロドーロスの記述に即して描かれたアタナシウス・キルヒャー『エジプトのオイディプス』(1653年) のテュポン。

右上：ジョバンニ・バティスタ・ナザーリのテュポン (1589年)。錬金術の視点から、彼らのいう変成を表現している。

左：ヴェンセスラウス・ホラー（1607-1677年）のテュポン。そばにテュポンの子のハルピュイアが2体描かれている。

前ページ：古代ギリシアの絵画に描かれた、支配権をかけたゼウスとテュポンの壮大な戦い。戦いは最終的にゼウスの勝利で幕を閉じた。ゼウスは雷霆に加えてエトナ山をテュポンに投げつけた。

49

ユニコーン

およびヒッポキャンパス

純粋さの象徴とされるユニコーンは、角を1本もつ白馬である。アラブの伝承によれば、エチオピアのユニコーンは「獰猛な獣」で、若い処女をおとりにする以外に「捕まえることなどできない」という。処女を見たユニコーンは、走り寄ってその足元にひざまずき従順になる。この無防備な状態なら容易に捕獲できる。またユニコーンはキリストの象徴にもなった。

中国の神話にも1本の角をもつ架空の動物、麒麟が出てくる。性格は温厚で、他の瑞獣とともに「四霊」と呼ばれる。瑞獣とは古代中国で特別視された動物で、特別なことが起こる前兆として姿を見せると考えられていた。麒麟が現れると、孔子や黄帝のような偉人が誕生するか死ぬといわれた。

チベットでは1700年代にユニコーンが多数目撃された。また1820年にはイギリスのラッタ少佐が家族に宛てた手紙で、チベットで1頭の麒麟を目撃したことがあり、地元の人々はツォポと呼ぶと記している。皇帝チンギス・カンは麒麟の忠告にしたがい、インド征服をあきらめたといわれる。またアレクサンドロス大王は麒麟に乗ったことがあると述べている。

馬の怪物には他にも、翼をもつペガソス（21ページ）やヒッポキャンパス（海の馬）がいる。ヒッポキャンパスは体の前半分が馬、後半分が魚になっており、前脚に水かきがついている。フェニキア、エトルリア、ピクト、ギリシア、ローマの神話に登場する（左下。右下は海のニュンペ〔精霊〕であるネレイスを背に乗せているところ）。

左：ユニコーンのもととなった動物。大プリニウスはモノケロス（一角獣）と呼んでいる。この角を削った粉は毒を検知し、死者を生き返らせ、瀕死の者を助け、疫病からてんかん、狂犬病、邪眼などあらゆるものを遠ざける効果があるといわれた。女王エリザベス1世は本物のユニコーンの角を2本所有していたというが、「海のユニコーン」と呼ばれるイッカクの角（正確には牙）だと思われる。イッカクの角は2mを超すこともある。

下：中国の一角獣。さまざまな動物が組み合わされた想像上の動物。中国最古の字書『爾雅』をもとに、清朝の画家姚之麟（1746-1849年）が描いた。

吸血鬼

血を吸うコウモリ男

吸血鬼のルーツはスラヴの伝承にある。処刑された犯罪者や異端者の幽霊が、眠っている犠牲者の頸静脈から血を吸うと、犠牲者も吸血鬼になってしまう。

ニンニクのかけらや、聖水、十字架などの宗教的な品々が吸血鬼から身を守るために利用された。ときにはダンピールを雇うこともあった。ダンピールは吸血鬼と人間の間に生まれ、不可視の吸血鬼を見ることができた。

1700年代にはバルカン半島と、現在のポーランドとチェコ共和国にあたる地域で、大規模な吸血鬼狩りが発生し多数が殺害された。犠牲になった者は心臓付近を杭（硬い木材でつくったものが最良とされた）で突き刺され、死亡するか瀕死の状態で棺桶に投げ入れられた。棺桶から出ようとした者もいたが、これがパニックを拡大する原因になった。騒動の原因はコレラだったかもしれない。衰弱したコレラ患者は、顔色が悪くなりコレラ特有の顔貌になる。日光に対する過敏症を示したり、騒動のさなか、飲めば助かると考え血を求めたものもいたかもしれない。

血を吸う怪物は他にもいる。プエルトリコの大変危険な怪物チュパカブラ（山羊の血を吸うものの意）、マヤの神話に伝わる巨大なコウモリの神カマソッツなど。実在の血を吸う動物に南米の吸血コウモリ（チスイコウモリ）がいる。

左上：最初の吸血鬼小説である
シェリダン・レ・ファニュ作の『吸
血鬼カーミラ』の挿絵（1872年）。
上：吸血鬼の襲撃を描いた挿絵。

前ページ：18世紀の吸血鬼ハン
ター。E.ド・モレインのリトグラフ。

左：メリュジーヌ（下半身が蛇
で背中にドラゴンの翼がついて
いる）。パリで1812年に描かれ
た作品。

トランシルヴァニアを舞台に
した有名な吸血鬼小説、ブラ
ム・ストーカー作『ドラキュラ』
は、冷酷さで名を残した実在の
人物ヴラド・ツェペシュ（在位
1456-1476年）と伯爵夫人エル
ジェーベト・バートリ（1560-
1614年）をモデルにしている。
ヴラドはルーマニアの英雄だ
が、残虐な処刑も行った。一方、
伯爵夫人は1610年、数百人の
若い女性を拷問し殺害した容
疑で逮捕された。若い女性の
血で満たした浴槽に入れば、若
さを保てると信じたといわれ
ている。

53

人狼とアヌビス

狼とジャッカルの怪物

古英語のwerwolfは狼だけでなく、ジャガー、クマ、さらにはワニなど幅広い動物に変身する能力を表している。満月の夜になると、人狼は狼に変身する。魔法をかけられたり、人狼が使っている水飲み場で水を飲んだり、人狼にかまれたりすると、人は人狼になる。人狼は狡猾で獲物に飢え、あたりを徘徊しては死体を掘り起こし、ときには幼児をさらいむさぼり食う。人狼を倒せる武器は、銀の矢か特別に祝福された銃弾だけである。

獣人化のさらに古い例として、ギリシア神話のリュカオンがあげられる。ゼウスを怒らせたアルカディア王リュカオンは、狼に姿を変えられてしまった（次ページ）。さらに古い時代の例では、死後の世界に死者の魂を導くとともに、

その墓を守った古代エジプトの神アヌビス（下）がいる。アヌビスの頭部はジャッカルである。

中国とスラヴの神話にも狼憑きの話がある。古代ギリシアの歴史家ヘロドトスは、ウクライナのネウロイ人が魔法で1年に一度狼に変身する話を聞いたと記している。また大プリニウスは、アントゥスという氏族から毎年1人の男が選ばれ、その男は狼に変身して9年間をすごすと述べている。「その期間中、自制して人間と接触せずにいるならば…元の形を取り戻す。ただ前の容姿に9年の年齢が加わるだけだ」。アステカの伝説では、犬に似た肉食の怪物アウィツォトルの話が伝えられている。尾の部分から人間の手が生えており、とある村の漁師を食べたという。

左上：中世に描かれた人狼。『ニュルンベルク年代記』(1493年)より。
右上：人狼の襲撃後の状況を描いたルーカス・クラナッハ（父）の木版画 (1512年)。
下：ゼウスによって狼に変えられたリュカオン。ヘンドリック・ホルツィウス (1558-
1617年) の版画。

未確認の動物たち

未確認動物学が取り組む謎

神話の動物が、現実に生息している可能性はある。例えば、背丈が高く人間とサル両方の特徴をあわせもつ動物は、世界中の民間伝承にしっかりと根を下ろしている。ネパールには、ヒマラヤの山麓の広大な丘陵地帯を歩き回るイエティ（雪男。次ページ左上）を目撃したシェルパたちがいる。また北米では、サスクワッチ（ビッグフットとも呼ぶ）が目撃されている。このように世界中で目撃されている動物には、非常に似た特徴がある。人の形をしていて赤味がかった黒い毛に覆われ、身長は最大3mに達し、体重は最大で360kgを超える。さらに目撃者の多くが、攻撃的な性格、大きく鳴り響く声を出す、強い体臭を放つという特徴を報告している。

先史時代から生き残っているとされるのが、スコットランドのネス湖に出没する怪物である。首長竜と思われるこの怪物を最初に目撃したのは、6世紀のアイルランド出身の修道僧聖コルンバである。オーストラリアに目を転じると、最後の氷河期から生き抜いてきたとされるバニップ（次ページ右上）が、沼地、小川、よどみ、滝つぼなどに潜んでいるのだ。

左上：ヴラディミア・スタンコビッチが描いたイエティ。
右上：オーストラリアのバニップ。
下と前ページ：ネス湖の怪物や海の怪物は、首長竜の仲間なのだろうか？

現代の神話

ファンタジーの隆盛

メアリー・シェリーが1818年に『フランケンシュタイン』を発表して以来、「現代の神話」に登場する怪物たちが想像の世界に次々と姿を現してきた。ニューヨークの新聞「ザ・サン」に1815年に掲載されたグレート・ムーン捏造記事（下）では、当時の最も高名な天文学者ジョン・ハーシェルが月に生息する生命体を発見したという偽情報が流された。その後も、H.G.ウェルズ『宇宙戦争』（1898年）、ボブ・ケイン『バットマン』（1939年）、ジョン・ウィンダム『トリフィド時代』（1951年）、J.R.R.トールキン『指輪物語』（1954年）、J.K.ローリング『ハリー・ポッター』（1997年）など、多数のSFとファンタジーの作品が発表されている。

LUNAR ANIMALS
AND OTHER
OBJECTS.
Discovered by Sir John Herschel in his Observatory at the Cape of Good Hope and copied from sketches
in the Edinburgh Journal of Science.

For Description, See Pamphlet Published at the Sun Office.

著者●タム・オマリー
映画、ドキュメンタリーのプロデューサー、ディレクター、脚本家。「アベンジャーズ/エイジ・オブ・ウルトロン」の制作にかかわる。また『BBC WILDLIFE』誌の編集者としても活躍した。

訳者●山崎正浩（やまざき まさひろ）
英文訳者。訳書に『地図と絵画で読む聖書大百科』、『図説聖書人物記』、『図説ギリシア・ローマ神話人物記』、『武器の歴史大図鑑』（いずれも創元社）など。

幻獣とモンスター　神話と幻想世界の動物たち

2021年4月20日　第1版第1刷発行

著　者　タム・オマリー
訳　者　山崎正浩
発行者　矢部敬一
発行所　株式会社 創元社
　　　　〈本　　社〉
　　　　〒541-0047　大阪市中央区淡路町4-3-6
　　　　TEL.06-6231-9010（代）　FAX.06-6233-3111（代）
　　　　〈東京支店〉
　　　　〒101-0051　東京都千代田区神田神保町1-2 田辺ビル
　　　　TEL.03-6811-0662（代）
　　　　https://www.sogensha.co.jp/

印刷所　図書印刷株式会社
装　丁　WOODEN BOOKS

本書の感想をお寄せください
投稿フォームはこちらから